Gerit Kopietz / Jörg Sommer

## Katzengeschichten

Zeichnungen von Pieter Kunstreich

Die Deutsche Bibliothek – CIP-Einheitsaufnahme

*Kopietz, Gerit*:
Leselöwen-Katzengeschichten /
Gerit Kopietz & Jörg Sommer.
Zeichn. von Pieter Kunstreich.
– 1. Aufl. – Bindlach : Loewe, 2000
(Leselöwen)
ISBN 3-7855-3659-3

*Der Umwelt zuliebe ist dieses Buch
auf chlorfrei gebleichtem Papier gedruckt.*

ISBN 3-7855-3659-3 – 1. Auflage 2000
© 2000 Loewe Verlag GmbH, Bindlach
Umschlagillustration: Pieter Kunstreich
Gesamtherstellung: L.E.G.O. S.P.A., Vicenza
Printed in Italy

# Inhalt

Tinka und Tiger .................... 9
Der Fotowettbewerb ............... 15
Der Museumsdieb ................. 22
Die Raubkatze .................... 31
Karneval der Tiere ................ 38
Kater Nero ist ein Held ........... 45
Katzenfieber ..................... 51

# Tinka und Tiger

Tinka war ein besonders neugieriges Kätzchen. Vom ersten Tag an war sie lebhafter als ihre vier Geschwister. Den ganzen Tag schaute sie aus der kleinen Baumhöhle sehnsüchtig auf den großen Park. Dort war so viel los. Wie gerne wäre sie auf Erkundungsreise gegangen.

Aber Mama hatte ihren Kindern streng verboten, die Höhle zu verlassen: „Wir leben in einem Zoo. Und da ist es für Katzenkinder ganz besonders gefährlich."

Zu gerne hätte Tinka gewusst, was denn ein Zoo ist. Aber Mama sagte immer nur: „Das wirst du noch früh genug lernen, mein Kätzchen."

Heute war Tinka ganz besonders unruhig. Den halben Nachmittag war Mama nun schon auf Futtersuche. Draußen im Park liefen viele Menschen, sie lachten, und die kleinen Menschenkinder hüpften fröhlich über die Wiese.

Da hielt es Tinka nicht länger. Zum ersten Mal in ihrem Leben wagte sie sich aus der Höhle.

Draußen war es ungeheuer interessant. Die Menschenkinder wurden immer ganz aufgeregt, wenn sie Tinka sahen, und rannten ihr nach. Aber sie war vorsichtig. Als ihr ein kleiner Junge zu nahe kam, schlüpfte sie schnell zwischen zwei Gitterstäben hindurch.

Plötzlich hörte sie hinter sich ein tiefes Knurren: „Was haben wir denn da?"

Tinka fuhr herum. Ein großes graues Tier stand vor ihr und leckte sich die Schnauze. „Endlich bringen sie uns Wölfen mal richtiges Futter." Knurrend kam der Wolf näher.

Tinka packte die Angst. Blitzschnell schlüpfte sie zwischen den Gitterstäben hindurch und rannte los, so schnell sie konnte. Als Tinka endlich wieder zur Ruhe kam, erschrak sie erneut. Wo war sie? Diese niedrigen Häuschen und dahinter die Rasenfläche mit den Bänken darauf

hatte sie noch nie gesehen. Sie hatte sich verlaufen.

Tinka suchte überall nach Mamas Höhle, doch sie konnte sie nicht finden. Bald wurde es Abend. Die Menschen verließen den Zoo, und es wurde still.

Tinka war hungrig und müde. Da sah sie hinter einer Mauer einen Baum, der ihr vertraut vorkam. War in seinem Stamm nicht Mamas Höhle versteckt? Tinka hatte es eilig. Sie sprang auf die Mauer, hüpfte auf der anderen Seite hinab – und landete mitten in einem Wassergraben. Tinka schlug mit allen vier Pfoten um sich, japste und jaulte und ging unter. „Mama!", rief sie. Sie hatte schreckliche Angst, zu ertrinken.

Plötzlich packte sie etwas am Genick und zog sie aus dem Wasser. Sanft wurde sie auf dem Trockenen abgesetzt. Sie schüttelte sich und blickte dann erstaunt in das Gesicht einer riesengroßen Katze, viel größer als Mama.

„Ich bin Tiger, und wer bist du?", fragte die große Katze. Ihre tiefe Stimme kitzelte in Tinkas Bauch.

Tinka stellte sich vor und berichtete über ihre abenteuerliche Reise durch den Zoo.

Tiger lachte und schlug vor: „Du kannst morgen weiterziehen. Ich glaube, ich weiß, wo du hinwillst. Aber heute ist es schon zu spät. Es wird gleich dunkel. Komm erst mal mit zu meinem Futternapf! Da hauen wir uns ordentlich den Ranzen voll. Schlafen kannst du ruhig bei mir."

Tinka fraß, bis sie nicht mehr konnte, dann merkte sie, wie müde sie war, und ehe sie sich's versah, war sie eingeschlafen.

Als am nächsten Morgen der Zoo öffnete, staunten die Besucher nicht schlecht. Schließlich kommt es nicht alle Tage vor, dass eine Katze und ein Tiger eng aneinander gekuschelt in einem Gehege schlafen.

# Der Fotowettbewerb

Heute durfte Lena mit Mama in die Stadt. Sie freute sich. In den großen Kaufhäusern gab es immer etwas zu entdecken. Das bunte Faltblatt an der Kasse fiel Lena sofort ins Auge.

„Fotowettbewerb" war dick und fett darauf zu lesen. Für das schönste Tierfoto sollten viele tolle Preise vergeben werden. Und was man nicht alles gewinnen konnte! Ein tolles Fahrrad oder eine tierische Geburtstagsparty, und das Beste: eine richtige Safari!

Lena stellte sich vor, wie sie mit einem Tierforscher auf einem Jeep durch die Savanne fuhr. Roter Staub wirbelte hinter ihnen auf. Vor ihnen, gar nicht weit weg, löschten Elefanten an einem Wasserloch ihren Durst. Da wollte sie hin!

Lena beschloss, bei dem Wettbewerb mitzumachen.

„Mama, darf ich deinen Fotoapparat haben? Ich möchte ein paar schöne Bilder von Peterle machen!"

„Du musst aber gut auf die Kamera Acht geben, versprichst du mir das?"

„Klar, Mama." Lena nickte. „Das weiß ich doch."

Zu Hause fing Lena gleich an. Den halben Nachmittag war sie mit den Vorbereitungen beschäftigt. Erst suchte sie ihre schönsten Puppenkleider. Dann bastelte sie ein lustiges Hütchen. Jetzt erst konnte der Spaß beginnen.

Aber Peterle fand Lenas Idee gar nicht lustig. In die Puppenkleider wollte er sich nicht zwängen lassen. Das Hütchen schüttelte er sofort wieder ab. Auch im Puppenwagen wollte Peterle nicht sitzen bleiben. Und als Lena den kleinen Kater mit Schwimmflügeln ins Badewasser setzen wollte, hatte Peterle endgültig genug. Fauchend flitzte er davon. Doch Lena lief mit dem Fotoapparat hinterher. Verzweifelt drückte sie immer wieder auf den Auslöser. Die Hetzjagd endete schließlich in der Küche.

Peterle sprang bei seiner wilden Flucht auf den Küchenschrank. Dabei rutschte er ab. Doch er hatte Glück.

Weich landete er im Erdbeerkuchen auf der Küchenplatte –

KLICK! Der Film war voll.

„Was ist denn hier passiert?", rief in diesem Moment Mama. Sie stand in der Küchentür und starrte entgeistert auf den Erdbeerkuchen, aus dem sich Peterle soeben befreite. Doch der Anblick war einfach zu komisch. Mama begann zu lachen.

Als Lena mit ihr später die Küche und auch Peterle säuberte, dachte sie: „Wer weiß, vielleicht ist das letzte Bild gar nicht so schlecht geworden?"

Und tatsächlich: Das Foto war gestochen scharf. Und es war das einzige, auf dem Peterle gut zu sehen war. Alle anderen waren unscharf oder verwackelt. Auch wenn sich Lena für den Wettbewerb eher Peterle mit Hütchen als Peterle im Erdbeerkuchen vorgestellt hatte – sie hatte keine andere Wahl. Sie steckte das Bild in einen Umschlag und warf diesen in den Briefkasten an der Ecke.

In den nächsten Tagen träumte Lena oft von der Safari. Doch die Wochen vergingen, und es kam keine Nachricht. Irgendwann hatte Lena den Wettbewerb fast vergessen.

Doch als sie eines Tages von der Schule nach Hause kam, fand sie in der Küche einen Brief, auf dem ihr Name stand. Aufgeregt öffnete sie den Umschlag und begann zu lesen:

**Liebe Lena,**

herzlichen Glückwunsch! Du hast den ersten Preis gewonnen und darfst deinen Koffer für die Safari packen. Dein „Peterle im Erdbeerkuchen" hat uns alle begeistert und wurde als das beste Foto ausgewählt.

Lena machte vor Freude einen Luftsprung.

Dann umarmte sie Peterle. Sie hörte, wie sich der Schlüssel im Türschloss drehte. Mama kam nach Hause. Aufgeregt sprang sie ihrer Mutter in die Arme und erzählte von ihrem Hauptgewinn.

Auch Mama war begeistert. „Lena, du bist ein Glückspilz!"

Dann schmunzelte sie. „Und zur Feier des Tages gibt es nachher Erdbeerkuchen, einverstanden?"

# Der Museumsdieb

„Hier Zentrale. Wir haben einen Notfall in der Birnenallee."

Kommissar Kaminsky schreckte hoch. Gerade stand er mit seinem Wagen vor einer roten Ampel und gähnte laut.

Schließlich war es noch früh am Morgen und der Kommissar erst auf dem Weg zur Arbeit. Nachdenklich schaute er auf das Polizeifunkgerät in seinem Wagen. Dann seufzte er und griff zum Mikrofon.

„Hier Kaminsky. Ich stehe gerade am Tulpenplatz und kann in fünf Minuten dort sein. Worum geht es genau?"

Es rauschte und knackte im Lautsprecher, dann kam die Antwort: „Im Städtischen Museum ist heute Nacht eingebrochen worden. Wir bekamen einen rätselhaften Anruf des Direktors."

Die Ampel sprang auf Grün. Der Kommissar gab Gas und brummte dabei: „Rätselhaft? Na, dann wollen wir doch mal sehen, ob der gute alte Kaminsky das Rätsel nicht gelöst bekommt."

Genau viereinhalb Minuten später parkte der Kommissar seinen Wagen vor dem Haupteingang des Museums und stieg aus.

Der Direktor kam ihm aufgeregt entgegen: „Guten Tag, Herr Kommissar. Schön, dass sie so schnell gekommen sind. Mein Name ist Pfannenbaum, Direktor Pfannenbaum. Auch wenn ich wohl die längste Zeit Direktor gewesen bin. Wenn der Diebstahl nicht rasch aufgeklärt wird, dann werde ich bestimmt entlassen."

Kommissar Kaminsky beruhigte den aufgeregten Mann: „Na, wollen wir doch erst einmal sehen, was sich wirklich ereignet hat."

Während die beiden Männer das Museum betraten, fragte der Kommissar: „Was genau ist also gestohlen worden?"

Der Direktor zeigte auf ein leeres Podest. „Unser teuerstes Ausstellungsstück: die Krone von Fürst Waldemar dem Schrecklichen. Ganz aus purem Gold, mit wertvollen Edelsteinen."

Langsam lief der Kommissar zweimal um das leere Podest. „Wie wertvoll war sie, diese Krone?"

Der Direktor schlug die Hände über dem Kopf zusammen: „Unbezahlbar!"

Der Kommissar zog eine Lupe aus der Tasche und trat nun näher an das Podest. Plötzlich ertönte eine schrille Sirene. Der Direktor seufzte entschuldigend, ging zu einem Wandkasten und schaltete den Alarm ab. Dabei erklärte er: „Das Podest steht auf einer besonderen Bodenplatte. Ab 20 Kilogramm Belastung auf diese Bodenplatte wird automatisch Alarm ausgelöst."

Kommissar Kaminsky dachte angestrengt nach. „Wann ging heute Nacht der Alarm los?"

Der Direktor schüttelte den Kopf. „Es gab keinen Alarm."

Der Kommissar beugte sich mit der Lupe über das Podest. Ein roter Faden lag darauf. „Die Krone, lag sie direkt auf dem Podest? Oder ..."

Der Direktor antwortete: „Sie lag auf einem roten Samtkissen."

Kommissar Kaminsky hörte ein Scharren. Er blickte auf und sah eine rot getigerte Katze, die auf den Direktor zutrottete. Der bückte sich und nahm das Tier gedankenverloren auf den Arm. Die Blicke des Kommissars gingen zwischen der Katze und dem leeren Podest hin und her.

Der Direktor erklärte: „Das ist Poseidon, unser Museumskater. Er vertreibt die

Mäuse." Dann staunte er: „Poseidon, du hast aber abgenommen. Warst du nicht gestern noch viel schwerer?"

Kommissar Kaminsky schaute sich den Kater genau an und runzelte die Stirn. „Ich widerspreche Ihnen nur ungern, aber Poseidon ist offensichtlich eine Katze und kein Kater." Dann lächelte er. „Ich glaube, der Fall ist so gut wie gelöst."

Der Direktor wollte es nicht glauben. „Wie bitte?" Dabei sprang Poseidon von seinem Arm und lief davon.

Der Kommissar flüsterte: „Psst. Folgen Sie mir!"

Zusammen schlichen sie der Katze nach, die unter einem Vorhang verschwand. Er verdeckte eine kleine Nische unter der Museumstreppe. Hinter dem Vorhang war ein leises Fiepen zu hören. Der Kommissar fasste den Vorhang mit zwei Fingern.

„Herr Direktor, sehen Sie nun den Räuber Ihrer kostbaren Krone!" Mit diesen Worten zog er den Vorhang beiseite.

Poseidon lag mit fünf neugeborenen Katzenbabys auf dem roten Samtkissen. Dahinter schimmerte es golden: die gesuchte Krone!

Der Direktor klatschte verzückt in die Hände. „Poseidon! Du bist vielleicht ein Schlingel!" Kommissar Kaminsky steckte seine Lupe in die Tasche. „Poseidons Interesse galt wohl eher dem Kissen als der Krone. Wenn Sie ihr ein weiches Körbchen besorgen, dann können Sie in einer Stunde Ihr Museum wieder öffnen. Mit der Krone von Waldemar dem Schrecklichen auf dem Podest, wo sie hingehört."

# Die Raubkatze

Mein Freund Spencer und ich wühlten wie jede Nacht in den Mülltonnen des Viertels. Als ausgewachsener Straßenkater hat man ja praktisch immer Hunger. Und in den Mülltonnen gibt es sooo viele leckere Sachen: Fischköpfe, Milchreste, halb volle Sahnebecher oder sogar ein Glas mit Nougatcreme-Resten – mmmh, meine Lieblingsspeise!

Als wir um die Ecke hinter der Schule bogen, staunte Spencer: „Hier sieht es ja aus, als wäre Weihnachten im Katzenhimmel. Was glaubst du, Zorro, ob hier die Müllabfuhr streikt?"

Ich überlegte kurz. Dabei strich ich mit der Vorderpfote meine Barthaare glatt. „Ich schätze, es ist mal wieder Sperrmüll. Lass uns sehen, ob wir wieder etwas Tolles finden. Erinnerst du dich noch an das Skateboard im letzten Jahr?"

Spencer kicherte. Zusammen waren wir damals den ganzen Schulberg hinabgesaust. Obwohl wir unten leider im Bach landeten, hatten wir riesigen Spaß dabei.

Wir flitzten hinüber und wühlten in einem großen Berg alter Zeitungen. Da ließ uns ein gefährliches Knurren aufhorchen. Mir sträubten sich die Nackenhaare. Ich brauchte mich gar nicht umzudrehen. Meine Nase wusste sofort Bescheid: Ein Hund! Das Knurren wurde lauter und gefährlicher. Ich sah zu Spencer hinüber und nickte unauffällig. Gleichzeitig rasten wir los. Oh Schreck, es war nicht nur *ein* Hund. Eine ganze Meute machte Jagd auf uns! Spencer und ich flitzten um den Müllberg.

„Ich hasse Hunde!", hechelte Spencer.
Ich überlegte. Spencer und ich waren gut in Form, wir hätten die halbe Nacht so rennen können. Aber irgendwie mussten wir die Hunde loswerden. Wir bogen in eine dunkle Nebengasse ein. Auch hier standen überall Stühle, Schränke und Kisten für den Sperrmüll herum. Aus den Augenwinkeln sah ich ein altes Löwenfell, völlig verdreckt und durchlöchert. Da hatte ich den rettenden Einfall.

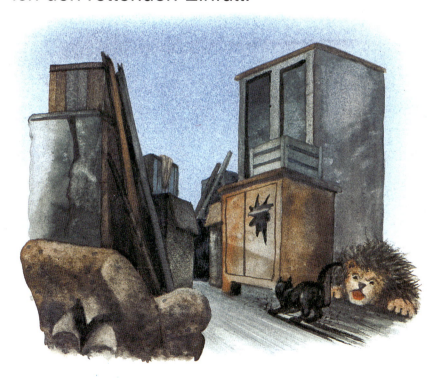

Ich rief Spencer zu: „Kannst du eine große Runde drehen und in ein paar Minuten noch mal durch diese Gasse flitzen?"

„Klar, Zorro."

Wir bogen aus der Gasse. Während Spencer weiterrannte, hüpfte ich in einen dunklen Hauseingang und drückte mich in den Schatten. Die Hunde kamen kläffend ums Eck gebogen. Sie rasten weiter hinter Spencer her.

Schnell huschte ich wenige Meter zurück, wo ich das alte Löwenfell aus dem Müllberg zerrte. Dazu schubste ich eine leere Weinkiste in die Mitte der Gasse. Nun zog und zerrte ich, bis das Fell über der Kiste lag, und kroch darunter.

Keine Sekunde zu früh. Schon kam Spencer wieder angerannt. Er bremste vor Schreck, als er das Löwenfell sah.

Ich zischte: „Komm schnell unter das Fell!" Spencer schlüpfte zu mir. Da folgten auch schon die Hunde.

Wir warteten, bis sie nahe genug waren. Dann brüllten Spencer und ich aus Leibeskräften mit unserer tiefsten Stimme: „Roaaaaaaaaar!!!"

Es klang fürchterlich. Die Hunde stoppten und purzelten übereinander. Unser zweites „Roaaaaaaaaar" ließ die Hunde jämmerlich aufjaulen. Sie kniffen die Schwänze ein und rasten in panischer Angst davon.

Lachend krochen wir unter dem Fell hervor. Spencer maunzte: „Zorro, du bist ein Genie!"

Ich nickte bescheiden, knuffte das Löwengesicht mit der Pfote und sagte: „Danke, Kumpel. Wir Katzen müssen eben zusammenhalten."

Trotzdem hatten wir vorerst genug von unseren Sperrmüll-Abenteuern. Die Mülltonnen riefen zum Abendessen.

# Karneval der Tiere

Saskia mochte Nico gut leiden. Aber Nico schien es nicht zu merken. Er beachtete sie überhaupt nicht. Wie konnte sie sich nur mit ihm anfreunden? Saskia hatte schon so viel über Nico in Erfahrung gebracht. Nico sammelte Luftballons, er war Katzenfreund, und sein junger Kater hieß Mats. Nico aß für sein Leben gern Marzipan. Und er wollte als Kater zum Tierfasching in der Schule gehen.

Da war für Saskia klar, dass sie das beste Katzenkostüm aller Zeiten tragen würde. Sie konnte ihren großen Tag kaum erwarten.

Endlich war Faschingsdienstag. Um vierzehn Uhr vierzehn wurde die große Turnhalle geöffnet. Der als Löwe verkleidete Schuldirektor begrüßte am Eingang alle Gäste: „Hereinspaziert, liebe Schüler! Willkommen beim Karneval der Tiere!"

Von allen Seiten kamen die Kinder in ihren Tierkostümen an. Ein Krokodil, mehrere Hunde, eine Schlange, eine Kuh und eine Giraffe, Hasen, Mäuse und Tiger, alles war dabei. Ein schwarzer Panter und ein scheues Reh kamen sogar Hand in

Hand. Alle waren so toll verkleidet, dass sie sich gegenseitig kaum erkennen konnten. Bei lauter Musik wurde getanzt, gelacht und gespielt. Überall brummte und bellte, jaulte und piepste es. Die Stimmung war super.

  Die Katze Saskia saß mit ihren Freunden zusammen. Auch Kater Nico saß dabei. Bald tanzten alle. Nur Nico hatte keine Lust. Also saß auch Saskia noch unerkannt am Tisch.

„Gibt es hier etwas Süßes?", fragte Nico. „Ich hätte richtigen Hunger auf ..."

Da zog Saskia eine selbst gemachte Marzipanmaus aus ihrer Tasche und drückte sie Nico in die Tatzen. „Ich habe sie extra für dich gefangen. Guten Appetit!"

Nico riss die Augen weit auf und konnte sein Glück kaum fassen. „Toll! Weißt du, ich mag Marzipan total gern. Wie heißt du eigentlich?"

„Mia. Gestatten, Katze Mia." Saskia traute sich nicht, ihren richtigen Namen zu nennen.

Nico erkannte sie nicht. Er fragte: „Wohnst du eigentlich hier?" Er war ziemlich neugierig.

Aber Saskia war schlagfertig: „Ich bin eine Straßenkatze, bin mal hier, mal da zu finden."

„Schade, ich dachte, wir könnten ab und zu mal zusammen Mäuse jagen."

Saskia freute sich, Nico hatte angebissen. Sie sagte: „Du kennst mich doch noch gar nicht. Wollen wir nicht erst mal zusammen tanzen?"

Mit diesen Worten zog Katze Mia ihren Kater Nico auf die Tanzfläche. Anfangs stellte Nico sich noch etwas tollpatschig an, aber bald schon bekam auch er Spaß am Herumhüpfen.

Schnell vergingen die Stunden. Saskia hatte es geschafft, bis zum Ende der Veranstaltung unerkannt zu bleiben.

Katze Mia und Kater Nico hatten getanzt und gelacht. Sie hatten sich gut unterhalten und sogar ihre Limo geteilt. Nun stand der Abschied bevor.

„Also wenn du Lust hast, können wir uns morgen Nachmittag am Spielplatz treffen", schlug Saskia vor.

„Au ja, prima. Kommst du auch sicher?"

„Ich werde pünktlich da sein." Saskia zog ein Tütchen mit drei verschiedenen Luftballons aus der Tasche. Freudestrahlend überreichte sie es Nico.

„Und grüß Mats von mir." Sie wandte sich zum Gehen.

Doch Nico hielt sie zurück: „Vielleicht habe ich vorhin erwähnt, dass mein Kater Mats heißt, aber über Luftballons haben wir nicht gesprochen. Also, heraus mit der Sprache: Wer bist du?"

Saskia lächelte. „Ich denke, es genügt, wenn du es morgen erfährst."

Sie umarmte Nico kurz und lief glücklich nach Hause.

# Kater Nero ist ein Held

Kater Nero war ein alter Kater. Sehr alt. Beinahe schon uralt. Ein richtiges Zuhause hatte er auch nicht, schließlich war er zeit seines Lebens Straßenkater gewesen. Und genau so sah er auch aus. Wie ein müder, alter, geplagter Straßenkater. Manchmal träumte Nero von einem gemütlichen Lebensabend, von einem warmen Plätzchen in weichen Decken und einem immer vollen Fressnapf. Aber wenn die Sonne schien, sein Bauch voll war und er seinen alten Pelz auf einer Mülltonne sonnte, dann war er doch froh, frei und unabhängig zu sein.

Aber heute war nicht so ein Tag. Seit Stunden war Kater Nero auf der Suche nach etwas Essbarem. Die Mülleimer waren frisch geleert. Nicht einmal das kleinste Wurstzipfelchen war zu finden. Die Menschen, die aus dem Fischgeschäft kamen, schienen heute kein Mitleid mit einem armen, alten Kater zu haben. Und auch die nette Frau Bartels unten an der Ecke stellte ihm kein Schälchen mit Milch heraus.

Neros Magen knurrte. Sein Hunger wurde immer unerträglicher. Musste er auf seine alten Tage tatsächlich noch einmal auf Mäusejagd gehen? Es würde ihm wohl nichts anderes übrig bleiben.

Nach langem Suchen fand er endlich eine Maus im alten Schuppen hinter dem Bahnhof.

Doch die war so flink, dass sie Kater Nero ordentlich an der Nase herumführte. Fangen ließ sie sich leider nicht. Betrübt zog Nero von dannen.

Müde und hungrig saß Nero wieder an der Straße. Er schaute einigen Kindern beim Fußballspielen zu. Plötzlich schreckte er hoch. Der kleine Tobi rannte seinem Ball hinterher, der geradewegs auf die Straße zurollte.

Oh nein! Nero sah, wie ein Auto heranbrauste. Er war ein erfahrener Straßenkater. Diese Fahrzeuge hatte er schon in seiner Kindheit fürchten gelernt. Er überlegte nicht lange. Mit einem Satz sprang er zwischen dem Auto und Tobi auf die Fahrbahn!

Der Fahrer riss die Augen auf und bremste mit quietschenden Reifen. Das Auto schlitterte auf den alten Kater zu. Tobi erschrak und blieb im letzten Moment stehen. Gleich würde das Auto den Kater überrollen. Doch der sprang mit letzter Kraft zur Seite. Es war millimeterknapp.

Nero saß keuchend am Fahrbahnrand. Er hatte Tobi vor einem großen Unglück bewahrt. Das war dem Autofahrer sofort klar. Bevor Nero wusste, wie ihm geschah, saß er mitsamt Tobi im fahrenden Wagen. Der Junge wurde nach Hause gebracht. Seine Mutter schloss ihn erleichtert in die Arme, als sie die Geschichte erfuhr.

Und Nero? Auch für ihn nahm der Tag ein traumhaftes Ende. An einem warmen Plätzchen wurde er in weiche Decken gebettet. Und der Fressnapf, der neben ihm stand, war von Tobis Mutter schon zum dritten Mal mit köstlichen Leckereien gefüllt worden.

Tobi kam zu ihm und deckte ihn liebevoll zu. Dann kraulte er ihm den Kopf und sagte: „Gute Nacht, mein Held!"

Kater Nero schnurrte glücklich und schlummerte zufrieden ein.

# Katzenfieber

Jörn, Anna, Hanna und Sven Berner waren Katzennarren. Am liebsten hätte jedes der vier Kinder seine eigene Katze gehabt. Aber Papa Berner hatte klare Prinzipien: „Es genügt nicht, eine Katze zu lieben, sie muss auch gepflegt und versorgt werden. Dazu sind Kinder unter sieben noch zu klein."

Auch Papa liebte Katzen. Aber er war überzeugt, dass ein Kind für ein solches Haustier ein bestimmtes Alter haben muss. Die Eltern hatten deshalb eine eiserne Familienregel aufgestellt: Jedes Kind bekam erst zu seinem siebten Geburtstag eine Katze.

So war Jörn vor vier Jahren stolzer Besitzer der bis dahin einzigen Familienkatze Minka geworden. Im letzten Jahr hatten auch die Zwillinge Anna und Hanna das ersehnte Ziel erreicht. Um den Geburtstagstisch trollten sich die süßen Kätzchen Max und Moritz.

In wenigen Wochen sollte für Sven endlich sein größter Wunsch in Erfüllung gehen. Er wartete schon sehnsüchtig auf seinen siebten Geburtstag. Doch eines Morgens geschah es: Minka wurde stolze Mutter von fünf jungen Katzen: Henri, Hilda, Hexe, Holger und Hastdudasgesehn tollten nun auch noch durch die Wohnung.

Für Papa war es ein klarer Fall: „Eine Katze, die in unserem Haus das Licht der Welt erblickt, gehört zu uns wie Jörn, Anna, Hanna oder Sven."

Damit war alles klar.

Acht Katzen lebten jetzt bei den Berners. Sven fürchtete nun, dass er zu seinem Geburtstag keine Katze mehr bekommen würde.

„Eiserne Regel bleibt eiserne Regel!", sagte Papa, als Sven an seinem Geburtstag schließlich Minchen im Arm kuschelte.

Überall waren die Berners mit ihren neun Katzen bekannt. Die Kinder hatten viel Spaß, denn immer war was los.

Nicht lange darauf machte Hastdudasgesehn ihrem Namen alle Ehre. Eines Abends rief Sven unter der Eckbank hervor: „Papa, hast du das gesehen?"

Auf Papas liebster Kuscheldecke lagen drei kleine Knäuel, die mit geschlossenen Augen nach ihrer Mutter fiepten.

Von diesem Tag an gehörten auch Hanne, Hubert und Häschen zur Großfamilie.

Mama stöhnte: „Vier Kinder und zwölf Katzen. Das ist zu viel!"

Aber Papa hatte das Katzenfieber gepackt: „Dreizehn ist meine Glückszahl! Ich werde uns im Tierheim eine dreizehnte Katze besorgen."

An diesem Abend kam er mit Pedro nach Hause. „Pedro ist ab heute meine Glückskatze."

Doch Mama war gar nicht glücklich. Sie schimpfte: „Ich werde mir am Katzenfutter noch einen Bruch tragen." Die Kinder mussten murrend zweimal täglich das Katzenklo reinigen. Beim Tierarzt waren die Berners bald Stammgäste.

Eines Tages erklärte Mama: „Schluss jetzt! Entweder die Katzen ziehen aus – oder ich!"

Jörn entdeckte schließlich die Rettung in der Zeitung. Dort stand eine Anzeige:

Schnell waren sich alle einig. Hanne, Hubert, Häschen, Henri, Hilda, Hexe, Holger und Hastdudasgesehn durften zusammenbleiben.

Papa rief im Kinderheim an, und bereits am nächsten Tag traten sechs Berners und acht Katzen die kurze Fahrt ins Heim „Sonnenschein" an. Alle schwiegen unterwegs. Den Kindern war schon etwas

mulmig zu Mute. Schließlich würden sie sich heute von dem Großteil ihrer geliebten Katzen trennen müssen.

Doch ihre Ankunft im Heim „Sonnenschein" verlief völlig anders als erwartet.

Es war einfach überwältigend. Quer über die Hofeinfahrt hatten die Kinder ein selbst gemaltes Transparent gespannt. Darauf stand: „Wir begrüßen unsere neuen Freunde!"

Noch bevor Papa den Wagen völlig zum Stillstand brachte, waren sie schon von zahlreichen Kindern umringt. Die Katzen der Berners wurden bewundert, geknuddelt und gestreichelt. Die Kinder hatten zahlreiche Leckereien für ihre neuen Spielkameraden besorgt. Und die Katzen genossen es sichtlich, auf einmal so im Mittelpunkt der Aufmerksamkeit zu stehen.

Der Heimleiter versprach den Berners, regelmäßig zu berichten, wie es den Katzen in ihrem neuen Heim erginge.

Schließlich verabschiedeten sich Papa, Mama, Jörn, Anna, Hanna und Sven von ihren ehemaligen Familienmitgliedern.

Auf dem Rückweg meinte Mama: „Na seht ihr, so haben wir noch ein gutes Werk getan." Alle nickten.

Jörn meinte: „Obwohl uns das Haus bestimmt leer vorkommt, mit nur fünf Katzen."

Papa hinter dem Steuer lachte: „Vielleicht kriegen wir ja bald wieder Nachwuchs. Sven, dein Minchen hat in letzter Zeit so einen dicken Bauch …"

Mama verdrehte die Augen. „Oh nein. Bloß das nicht!"

**Gerit Kopietz** und **Jörg Sommer** kennen sich seit ihrer Jugend aus gemeinsamer pädagogischer Arbeit. Sie sind verheiratet und haben zusammen vier Kinder. Die Kopietz-Sommers leben auf einem ehemaligen Bauernhof im Schwäbischen. In Fachkreisen sind sie bekannt für innovative pädagogische Ratgeber. Mittlerweile schreiben sie vor allem Erzählungen und Sachbücher für Kinder und Jugendliche.

**Pieter Kunstreich** wurde 1949 geboren. Er studierte an der Fachhochschule Hamburg, Fachbereich Gestaltung, mit dem Schwerpunkt Informative Illustration. Seit 1975 arbeitet er als freiberuflicher Illustrator, vor allem in den Bereichen Kinderbuch, Kindersachbuch und Schulbuch.

# Leselöwen

## Jede Geschichte ein neues Abenteuer